Bonjour, je m'appelle Ludo Rius

Depuis plus de 25 ans, je me passionne pour la magie, en parallèle de mes activités de formateur et de pédagogue. Il y a quelques années, cette passion m'a permis de m'émanciper et de sortir de ma zone de confort pour acquérir ma liberté. Aujourd'hui, j'aide de nombreuses personnes à vivre libre socialement et financièrement.

Début 2019, j'ai créé le concept de « Magification ». Chaque présentiel, séminaire ou formation que je réalise, passe désormais par un canal d'apprentissage indispensable et trop peu utilisé : le corps.

Chaque étudiant est amené à manipuler et à développer ses capacités kinesthésiques, en complément de supports auditifs et visuels !

Dans ce même temps, j'ai lancé ce trimestriel « I.L » basé sur ce même concept pour permettre à un maximum de personne de « Magifier leur vie ». Un trimestriel magique à plus d'un titre, comprenant de l'information, des récurrents, des astuces, des stratégies et une part de magie.

J'ai aussi ouvert la possibilité à mes étudiants de devenir co-auteur de ce trimestriel en développant au passage leur autorité, leur expertise ainsi que plusieurs récurrents et ce, quasi automatiquement.

Chaque étudiant que j'accompagne transforme rapidement son état d'esprit (Mindset) et bénéficie d'un suivi permanent par le bais de coachings groupés hebdomadaires et de wébinaires.

Tous les outils lui sont facilement accessibles...
Un enfant de 8 ans pourrait appliquer les conseils, formations et récurrents proposés.

En parallèle, j'accompagne depuis 2018 une poignée d'étudiants à vivre de leur passion grâce à une formation spécifique : MSVP (Misez Sur Votre Passion) qui est étalée sur 10 mois et qui commence par un présentiel dans un cadre ludique et magique !

Il appartient à chacun(e) de « magifier sa vie » et je me dois d'accompagner chaque étudiant(e) dans cette voie. Telle est ma mission de vie !

Ludo Rius, Magificateur de vie.

I.L. est magique
I.L. est votre formule magique
I.L. est le sel qui rendra votre vie extraordinaire !
I.L. est à VOUS
VOUS, qui possédez toutes les clés de la réussite
au fond de VOUS,
même sans forcément en avoir conscience.
VOUS, qui êtes le plus beau des investissements.
Oui, avant toute chose…

Investissez sur VOUS - même !
<u>Votre première force est de **croire en VOUS**</u> !

N'oubliez pas que VOUS êtes maître à bord,
capitaine du bateau qui VOUS conduira sur votre île,
qui VOUS permettra de voguer vers la liberté.

VOUS devez donc apprendre à vaincre vos peurs,
à aller de l'avant, à avancer pas à pas...
Passez à l'action et devenez maître de votre vie.

Je sais que VOUS êtes impatient(e)
de dévorer votre trimestriel alors,
je ne dirai pas un mot de plus,
enfin si, trois de plus…

VOUS êtes MAGIQUE !

AU SOMMAIRE

L'investissement ludique : What's This ?

Un trimestriel interactif, ludique et magique
Précautions d'usage et mode opératoire

LE MINDSET DU TRIMESTRE
Développer la confiance en soi
Renforcer l'estime de soi

Les astuces du trimestre
Optimisez votre budget courses
Vos courses vont vous rapporter de l'argent
Le système CIE

Le syndrome Pinocchio : Episode 3

Un corps sain pour un esprit sain
La 5G arrive, préparez-vous !
L'électro-sensibilité
L'outil magique qui transforme les ondes

Prenez votre part du gâteau
Votre cadeau personnalisable du trimestre

Sportivo Stratego

Le tour de Magie-Marketing du trimestre
Ambigramme
Divination au téléphone

La boîte à outils de l'infopreneur :
Le principe du contraste

La technique RS du trimestre :
Cartonner avec une chaîne Youtube

Le club VIP des Magificateurs :
Le club qui changera votre vie
Votre cadeau découverte

Le triptyque gagnant :
Chaque journée va vous rapporter...

Le concept du Meet-up

Le « Magic trick » du trimestre :
Le parcours interactif

Le business du trimestre : La Marketplace nichée
Un récurrent mensuel assuré

L'investissement ludique :
What's This ?

Si l'on s'en tient à la définition pure de Wikipédia…

« Investir revient à engager de l'argent dans un projet, en renonçant à une consommation immédiate ou à un autre investissement (coût d'opportunité) et en acceptant un certain risque, pour accroître ses revenus futurs. »

Dans cette définition, on note la présence de deux notions : la notion de risque et la notion de choix. En effet, lorsque l'on investit de l'argent dans une opportunité, on bloque des fonds sur une durée plus ou moins longue. Il ne faut donc en aucun cas bloquer l'argent nécessaire à la vie du foyer (au paiement des factures, des emprunts…) ni emprunter ou hypothéquer des biens sur un coup de tête.

Pour aider au passage à l'action, prenez du plaisir à investir, et si possible faites-le dans des domaines que vous connaissez ou que vous maîtrisez, tout en étant mesuré sur le risque encouru et la somme mise en jeu !

C'est ici que le terme « ludique » prend tout son sens.

Quoi de mieux que de prendre du plaisir à investir financièrement mais aussi à investir sur soi, à investir du temps pour apprendre... Car oui, et vous le découvrirez chaque trimestre, il est avant tout question d'investir sur vous-même et de développer ensuite un maximum de revenus passifs et sécurisés.

Dans I.L., vous allez avant tout apprendre énormément de choses, vous divertir, vous former et développer votre mindset. Chaque trimestre, vous puiserez des idées, des stratégies, vous recevrez des conseils et des opportunités uniques que seul I.L. sera en capacité de vous proposer.

Je vous souhaite donc de prendre autant de plaisir à découvrir votre trimestriel que j'en ai eu à le réaliser.

Bien ludiquement

Ludo Rius

Un trimestriel interactif, ludique et magique

Précautions d'usage

Certains des contenus (textes et vidéos) de ce trimestriel peuvent s'avérer caduques -partiellement ou totalement- en fonction du moment où le lecteur en prendra connaissance. Il n'en restera pas moins l'idée essentielle : vous informer des multiples opportunités qui sont susceptibles de s'offrir à vous.

Les informations contenues dans ce trimestriel sont d'ordre général et ne sauraient se substituer à du conseil financier personnalisé. Ce trimestriel fournit du contenu informatif et n'a pas vocation à inciter le lecteur à acheter ou vendre les produits financiers mentionnés.

Le lecteur est seul responsable de ses investissements découlant des informations données dans cet ouvrage ainsi que des dommages pouvant en résulter.

bit.ly/il3-introduction

Mode opératoire

Ce livre est interactif, ludique et magique : de nombreuses vidéos et documents à forte valeur ajoutée y sont intégrés.

Chaque vidéo ou document est accessible en flashant le QRCODE qui y est associé à l'aide de votre téléphone ou de votre tablette, en utilisant l'application de votre choix !
Vous disposez également du lien direct de la vidéo sans utiliser le flashcode.

ATTENTION

Pour pouvoir accéder à vos vidéos, il vous sera demandé d'utiliser un mot de passe. Pour obtenir ce mot de passe, envoyez un mail à **contact@ludorius.com**

Le titre de votre mail doit être : **Demande de mot de passe pour le numéro 3 « IL est magique ».** *(Précisez bien le numéro et le nom du trimestriel)*

Notez ensuite le contenu suivant dans le corps du message :

Bonjour Ludo,

J'ai bien reçu le numéro 3 « IL est magique »

Merci de m'envoyer mon mot de passe pour lire les vidéos.

Bien amicalement, *(votre prénom)*

Le mindset du trimestre

Développer la confiance en soi

« La liberté n'est pas l'absence d'engagement mais la capacité de choisir » (Paulo Coelho)

Prenez votre vie en main ! Choisissez vos actions ! Devenez non pas spectateur mais acteur de votre vie ! « Gamifiez » votre vie. Vous perdez ? vous rejouez ! Plus vous perdez, plus vous apprenez. Même chose lorsque vous gagnez ! Voyez en vos échecs et en vos réussites des forces conjointes ! « Kiffez » vos échecs et adorez vos réussites.

Adoptez ces attitudes, c'est développer la confiance en vous ! Cette confiance est déjà tout au fond de vous. Elle ne demande qu'à émerger.

Si aujourd'hui, vous n'avez pas confiance en vous, c'est que vous avez subit un conditionnement lié à l'environnement que vous avez eu tout au long de votre vie autour de vous. Ce n'est pas parce que vous manquez de confiance aujourd'hui que vous ne pouvez pas devenir quelqu'un de charismatique demain !

La confiance que vous placez en vous-même se construit, pas après pas.

Vous l'avez déjà au fond de vous, ne l'oubliez pas ! Il vous faut juste le déclic pour inverser le processus qui est le vôtre actuellement et vous impliquer pour réussir.

Passez à l'action, faites de petits pas. Rien ne sert de voir grand si l'on est dans l'incapacité de voir petit ! Enchaînez les « je peux le faire » avec les « je vais le faire » et « je l'ai fait ».

Et surtout si vous n'y parvenez pas, aussi petit que soit votre objectif, c'est bien également. N'oubliez pas, « Kiffez » l'échec car c'est lui qui vous apprend le plus. Congratulez-vous quand vous réussissez.

Une seule réussite suffira à effacer tous vos échecs passés.

Edison a dit « Je n'ai pas échoué, j'ai simplement trouvé 10.000 solutions qui ne fonctionnent pas ».

La 10.001 idée a été la bonne et a permis d'effacer tous les échecs passés.

Voyez en toute chose le positif et le négatif et anticipez avantages et inconvénients. Si vous ne faites rien, il ne se passera rien !

Mais si vous plantez une graine, elle se mettra tôt ou tard à germer. Vous sortirez toujours un peu plus de votre zone de confort (cf trimestriel « IL est temps d'agir »).

Prendre un risque, c'est oser faire ce que votre inconscient vous dicte !

Utilisez le pouvoir de l'introspection. Regardez-en vous, creusez au plus profond de vous.

Diverses possibilités s'offrent à vous :

- Vous pouvez réaliser votre Ikigai (cf trimestriels « IL était une fois » et « IL est temps d'agir »)
- Vous pouvez utiliser la technique de la radiesthésie (cf formation « OPTIME », que vous retrouverez sur l'encart contenu dans votre trimestriel).

L'introspection est votre trousseau sur lequel vous mettrez vos différentes clés dont celle de la confiance en vous !

Pensez à créer de la magie dans votre vie en partant de ce que vous avez. Toute personne rêve d'une chose qu'un autre possède. Vous avez, vous aussi, une chance inestimable de posséder quelque chose que quelqu'un désire ardemment.
A chaque fois que vous faites quelque chose, posez la question du « Pourquoi » vous le faites. Si vous faites les choses non seulement pour vous-même mais aussi pour les autres, vous disposerez d'une confiance en vous inébranlable !

Avant de faire le lien avec l'estime de soi, je vous invite à regarder la vidéo complémentaire à cet article ci-dessous dans laquelle je vais revenir sur quelques points importants et vous donner des exercices pour booster votre confiance en vous.

bit.ly/il3-confiance

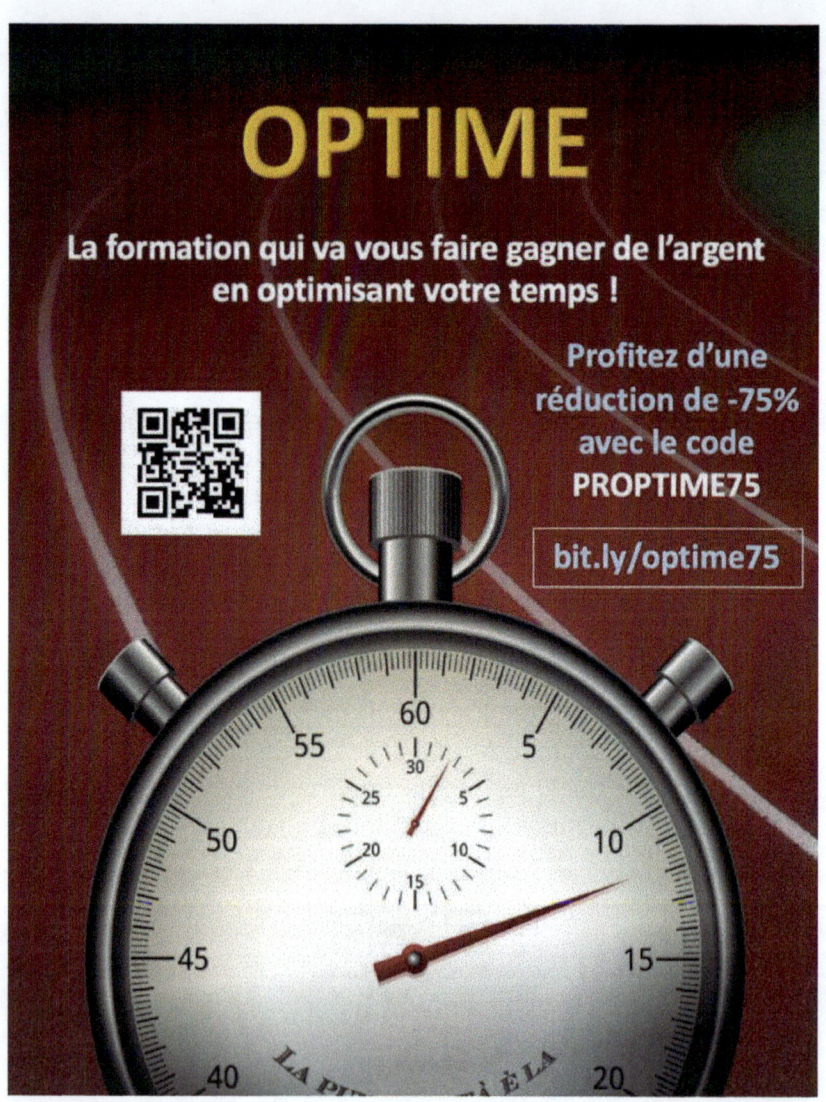

L'estime de soi

L'estime est l'appréciation favorable que l'on porte sur quelqu'un ou sur quelque chose. Elle est synonyme de respect et de considération.

L'estime de soi est encore plus spécifique. C'est une évaluation que nous faisons de nous-même en rapport avec notre propre valeur.

L'estime de soi est directement corrélée à notre environnement, contrairement à la confiance en soi.

De plus, bien qu'étroitement liées, estime de soi et confiance en soi sont à distinguer de par le fait que la première est axée sur des valeurs alors que la seconde est axée sur des capacités.

L'estime de soi se construit sur tous les évènements passés et à venir que nous rencontrons dans notre vie. Encore une fois, les plus impactant sont ceux du passé et notamment ceux liés à notre enfance.

Je vais ici vous rappeler toute l'importance de réaliser de nombreuses introspections pour comprendre vos modes de fonctionnement et mettre en avant vos capacités (confiance en soi) et vos valeurs (estime de soi).

Ainsi les personnes ayant une estime d'eux-mêmes développeront une grande confiance en eux et en leurs capacités.

L'estime de soi est donc à travailler en premier lieu pour impacter ensuite votre confiance en vous !

Commencez par vous couper des personnes toxiques et entourez-vous de personnes positives capables de reconnaître et d'apprécier vos valeurs.

Quelle est aujourd'hui votre degré d'estime que vous placez en vous-même ?

Une question essentielle à vous poser :

Vous aimez-vous ?

Question complexe pour laquelle je vais vous donner des affirmations qui permettront de vous évaluer.

Je vais vous lister 10 affirmations.

Si vous considérez que vous êtes en accord avec une affirmation, vous vous donnez un point.

A la fin de ce petit test, vous aurez une « note » sur 10 qui permettre de graduer votre réponse.

Prêt(e) ? On y va !

J'aime me retrouver avec moi-même. (Ces moments de « solitude » sont des moments privilégiés, de relaxation et de connexion avec soi-même.)

Je m'aime car je sais que cet amour inconditionnel va rayonner autour de moi. (On ne peut aimer l'autre si l'on ne s'aime pas soi-même.)

Je prends soin de moi. (C'est essentiel. Il faut prendre soin de soi physiquement et psychologiquement.)

Je m'aime comme je suis. (Accepter ses forces, ses qualités mais aussi ses faiblesses et ses défauts.)

En m'aimant, j'aime mieux les autres. (Cette affirmation vient renforcer la seconde. Bien comprendre que s'aimer, c'est aussi aimer l'autre.)

Je reconnais mes défauts et je sais que comme mes échecs, ils sont là pour me faire avancer. (Les reconnaître c'est avancer, les refuser c'est procrastiner et ne rien faire.)

J'accepte mes qualités et je les mets en avant. (Cette affirmation renforce la précédente. En mettant vos qualités en avant, vous occultez vos défauts et enclenchez la marche en avant)

Je sais me pardonner pour continuer à avancer. (Comme l'autocongratulation, le pardon est nécessaire pour continuer d'avancer).

Je prends soin de mes désirs et de mes besoins. (Ecouter ses désirs et prendre en compte ses besoins est une nécessité pour évoluer)

Je m'aime et je me le dis chaque jour. Je m'auto-congratule, je valorise mes réussites. (Comme pour le pardon, il faut fêter chaque succès et réussite. Toute réussite vient effacer tous les échecs précédents)

Alors, combien de points avez-vous obtenus ?

Vous aimez-vous réellement ?

Dans l'estime de soi, il y a le regard extérieur qui est primordial.

Comment les autres vous voient-ils ?

Reconnaissent-ils vos valeurs ?

Les personnes ayant une faible estime d'eux-mêmes penseront systématiquement que les autres ne perçoivent que leurs défauts.

Du même coup, elles se renfermeront dans l'inhibition, n'oseront pas aller vers les autres, seront timides et réservées. Elles ne prendront pas de risques et resteront dans leur « zone de confort » (cf trimestriel « IL est temps d'agir »)

Rappelez-vous constamment de vos valeurs. Cela aura un impact extrêmement positif sur vous !

Si vous ne connaissez pas vos valeurs, vous pouvez les découvrir gratuitement en allant sur un site totalement magique que je vous livre dans la vidéo ci-après.

Je vais également vous donner quelques exercices à réaliser pour booster l'estime de soi.

bit.ly/il3-estime

Les astuces du trimestre

Optimisez votre budget courses

Il existe de nombreuses solutions pour optimiser votre budget courses...

En premier lieu, **les différentes cartes « avantages »** des différentes enseignes qui ont un inconvénient majeur : elles alourdissent votre portefeuille.

Aujourd'hui, grâce à la technologie, **il est possible de toutes les regrouper sur un même support** : votre téléphone. Il existe de nombreuses applications pour le faire. Je vous présente l'une d'entre elles dans la vidéo ci-après.

En second lieu, vous avez **les coupons de réduction** que vous pouvez trouver sur une multitude de sites que je vous liste également dans la vidéo.

Mais il y a mieux encore. Il existe des applications qui vous évitent même d'imprimer des bons de réduction et qui vous remboursent en intégralité votre produit sur votre compte bancaire !

Dans la vidéo ci-après, je vous ai même préparé une véritable stratégie pour vous guider de A à Z dans cette jungle des coupons et applications afin d'optimiser votre temps et d'optimiser votre budget courses.

Ne nous le cachons pas, optimiser son budget courses peut être très chronophage. D'où l'importance de mettre en place une stratégie la moins chronophage possible pour gagner en efficacité et perdre le moins de temps possible.

De plus, tout ce système d'applications travaille avec des marques nationales plus chères que les marques de distributeurs. Donc si l'on calcule le temps passé, ce n'est pas forcément si intéressant que cela.

N'oubliez pas une chose, le temps est votre ressource la plus précieuse. Il a bien plus de valeur que l'or, ou que toute monnaie. Pensez à l'optimiser (La formation OPTIME est là pour vous, je vous le rappelle).

Il ne faut pas non plus tomber dans le côté addictif « des réductions à tout prix ». Vous finirez sinon par acheter même à petits prix des produits dont vous n'avez pas besoin. A l'arrivée, il n'est donc pas certain que vous optimiserez votre budget courses.

bit.ly/il3-apps

Encore une fois, il vous faut poser votre mindset en premier lieu. Pourquoi voulez-vous optimiser votre budget courses ?

Personnellement, je n'ai pas envie d'y passer du temps, j'ai donc choisi d'adopter un triptyque efficace que vous pouvez adopter également s'il vous convient.

Je vous le conseille vivement. Il a trois caractéristiques essentielles :

- Il est simple à mettre en œuvre
- Il n'est pas chronophage
- Il est extrêmement rentable

On en parle tout de suite dans l'article suivant...

Vos courses vont vous rapporter de l'argent

Le système C.I.E

Le triptyque C.I.E est parfait pour optimiser son budget courses et gagner de l'argent avec ses courses.

Avec ce système il est même possible de gagner mensuellement plus d'argent que ce que vous injectez dans votre budget courses.

Intéressant, non ?

Mais que se cache derrière cet acronyme C.I.E. Pas besoin d'être de la C.I.A pour le découvrir mais simplement de flasher le code ci-dessous sur votre téléphone ou de rentrer le lien court dans votre navigateur préféré.

Allez, je ne vous en dis pas plus et je vous laisse découvrir la vidéo ci-dessous qui va vous révéler ce triptyque magique.

bit.ly/il3-cie

LE SYNDROME PINOCCHIO

Episode 3

Allo, Marty ? C'est Doc...

Êtes-vous bien installé dans la matrice ?
Voici comme le trimestre passé,
l'histoire de Mr Toutlemonde...

EMMETT BROWN *(dans sa locomotive volante en train de parler à Marty et à Jennifer) : « Le futur n'est jamais écrit à l'avance pour personne ; votre futur sera exactement ce que vous en ferez alors faîtes qu'il soit beau pour chacun de vous ».*

Christopher Lloyd, *Retour vers le futur 3* (1990), écrit par Robert Zemeckis, Bob Gale

Nous voilà revenus en cette bonne vieille année 2066 !

D'un geste rapide dans l'espace, Mr Toutlemonde éteignit sa Magnet-TV, la démagnétisa du mur, l'enroula et la tendit à Roberta V38 qui la rangea dans un tiroir digitalisé. Et si ce bon vieil Emmett avait raison ?

Et s'il pouvait réellement choisir de vivre la vie de ses rêves ? Il en avait marre d'échanger son temps contre des Gigabits, marre d'avoir des maux de tête à répétition, faute de moyens pour s'acheter le dernier aspirateur d'ondes électromagnétiques. Il voulait juste être ailleurs, dans un autre espace-temps et ce, en un instant.

Il était totalement dans la matrice, incapable de penser librement. Tout autour de lui était connecté à un monde virtuel et lui-même avait l'impression de disparaître, comme s'il était devenu Marty, en quête de temps, en quête de vie !

Il se souvint également de ce moment grinçant passé en compagnie de son humoriste favorite sur Youtubix, toujours aussi grinçante, il l'adore. Ça fait du bien de rire mais Mr Toutlemonde est tellement imprégné par les vices de la société et par tous ses systèmes emboités... il n'en peut plus.

Et ce mal de crâne quasi permanent... Il est temps d'agir, de se prendre en main. Il décide de se mettre en quête d'un aspirateur d'ondes électromagnétiques. C'est l'objectif sur lequel il doit être focus pour son bien-être mental et corporel ! Un premier pas vers la liberté !

Il appelle son Roberta V38 et lui demande de se connecter à son ordi virtuel MACWIN, qu'il a appelé Steeve, histoire de le personnaliser. Il lui parle comme à un animal de compagnie. Ça lui fait du bien d'avoir quelqu'un à qui parler, aussi immatériel soit-il.

« Allez Steeve, trouve-moi un aspirateur d'ondes électromagnétiques au meilleur prix, j'ai décidé de casser ma tirelire de Bullcoin (cryptomonnaie virtuelle) »

Banco, le comparateur intuitif de prix lui en trouve un à moitié prix avec livraison par drone directement chez lui. Génial, il l'aura dans 10 minutes en livraison lente. Un peu long mais tant pis, il patiente en sirotant une glace pilée au grain de café d'Islande, broyé par ROBERTA V38.

10 minutes plus tard, il reçoit son colis... 12 minutes au lieu de 10, il le signale au drone qui lui rajoute du même coup une réduction à valoir sur sa prochaine commande par drone.

Après déballage d'un double carton magnétique scellé, il se rend compte que son aspirateur magique n'est en fait qu'un cube sur lequel il doit s'asseoir pendant une heure et qui aspire les ondes électromagnétiques de tout son corps.

Après séance d'aspiration, il doit coller des autocollants anti-ondes-électromagnétiques dans ses chaussures, porter un bracelet, mettre des plaques sous son lit et se vaporiser tous les matins le corps avec un produit spécial... et ce, pendant 4 mois. Puis, il doit renouveler le processus si nécessaire.

Bon allez go, action, cette routine est essentielle pour lui !

Après la séance d'aspiration, il se sent déjà beaucoup mieux, ses maux de tête ont disparu. Il est temps de poser ses plaques sous son matelas pour obtenir un sommeil réparateur et de suivre la suite du processus.

Jour après jour, son énergie revient, son sommeil est bon et il se sent revivre. Pourquoi ne l'a-t-il pas fait avant ? Pourquoi a-t-il fallu attendre d'avoir ce déclic ? Ce qu'il sait, c'est qu'il doit beaucoup à Emmett. Sans lui, il en serait toujours au même point.

Il demande illico presto à ROBERTA V38 de lui réinstaller sa Magnet-TV et décide de se repasser la trilogie « Retour vers le futur »... peut-être aura-t-il d'autres inspirations et appels à l'action.

Revigoré, Mr Toutlemonde s'installe confortablement, zappe les 5322 chaînes de « télé-poubelle » en quelques mouvements de main et relance son film préféré.

« Me voilà Doc, je suis revenu... »

bit.ly/il3-syndrome

La 5G arrive, préparez-vous !

Prêt(e) à entrer
dans l'ère de « la société du Gigabit » ?

Au moment où j'écris ces lignes nous sommes en août 2019, et nous nous préparons à accueillir une nouvelle technologie de communications, la 5G.

Mais qu'est-ce que la 5G ?

Je vais ici vous dépeindre les côtés positifs mais aussi les côtés négatifs. Vous aurez ainsi une idée globale sur le sujet et vous pourrez vous faire votre propre opinion en l'expérimentant dès son arrivée.

Commençons par les côtés positifs :

La 5G permettra d'accélérer considérablement la vitesse de téléchargement. Même si vous n'y connaissez rien, je vais vous donner une idée claire de ce qu'il va se passer :

En passant de la 4G à la 5G nous allons réduire le temps de latence, le faisant passer de 0,27 secondes à 0,01 seconde. La 5G est une technologie 40 fois plus rapide que la technologie 4G. Pour faire simple et vous résumer cela en un mot : **instantanéité**

Nous serons sur de l'instantané.

Le monde ira encore plus vite !

Qu'est-ce que cela changera concrètement dans votre vie ?

-   Vous gagnerez du temps en surfant sur internet, puisque toutes les pages s'ouvriront de manière instantanée. Même chose pour les vidéos ou téléchargements

-   Les voitures seront en capacité de communiquer entre elles. Il existe déjà des voitures et cars autonomes en phase de test. La 5G qui suscite déjà l'intérêt des constructeurs chamboulera définitivement le monde automobile. Les routes seront également connectées bien évidemment.

-   **La médecine va être révolutionnée** : les interventions chirurgicales pourront être réalisées à distance en temps réel et de manière démultipliées. Oui vous avez bien lu, il sera possible d'opérer à distance plusieurs patients en même temps avec une précision inégalée.

-   Paradoxalement, la médecine sera plus accessible dans les zones plus reculées grâce aux camions médicaux (et leurs robots médicaux) qui existent déjà mais qui, pour le moment, en 2019, utilisent des liaisons satellitaires. Vous pourrez donc être opéré plus rapidement et en ambulatoire.

-   Tous les objets seront progressivement connectés et communiqueront entre eux (télévision, réfrigérateur, caméras, stores, maisons connectées, machine à laver...)

Cela paraît extraordinaire n'est-ce pas ?
Voyons maintenant l'autre côté de cette technologie 5G...

L'électro-sensibilité

La technologie 5G ne sera réellement efficace que sur de courtes distances. Par effet de conséquence, cela nécessitera une recrudescence de l'installation d'antennes et donc une exposition accrue aux ondes.

Petit à petit, tous nos objets seront interconnectés et les émetteurs se déploieront partout, y compris dans notre espace de vie et quotidien : maisons, magasins, hôpitaux, écoles...

Vous l'avez compris, nous sommes à l'aube d'une révolution technologique majeure dont on ignore les conséquences sur notre santé.

Certains scientifiques, activistes et politiques ont déjà poussé un cri d'alerte, tests à l'appui.

Claire Edwards, membre du personnel de l'ONU a lancé un avertissement très fort aux Nations-Unies en qualifiant l'arrivée de la 5G de « guerre contre l'Humanité »

Arthur Firstenberg, activiste et défenseur reconnu de la réduction du développement de la 5G aux Etats-Unis et dans le monde, affirme que l'arrivée de la 5G aura des conséquences dramatiques sur l'homme et sur la faune !

Quoiqu'il en soit, cette technologie exacerbera tous les symptômes de ce que l'on peut qualifier d'hypersensibilité électromagnétique ou d'électro-sensibilité.

Vous trouverez dans la vidéo ci-après la pétition dont Firstenberg a été l'instigateur, pour arrêter le déploiement de la 5G sur terre et dans l'espace.

Malgré tous les appels lancés et pétitions signées, le déploiement de la 5G a démarré au détriment des électro-sensibles, déjà victimes des générations d'ondes précédentes (GSM-2G-3G-4G)

Certains malades ont déjà été reconnus comme étant électro-sensibles via les tribunaux. Une association a même été créée dont vous trouverez le contact dans la vidéo suivante.

Avant de passer aux solutions qui existent pour lutter contre l'électro-sensibilité, je tenais à vous faire part du calendrier qui est ici une estimation sur le déploiement de la 5G dans les années à venir.

bit.ly/il3-5g

En 2019

Préparation d'une libération rapide des bandes 3.5 GHz et 26GHz au profit de la 5G

Ouverture de site pour tester la 5G (sites pilotes), « grandeur nature »

Consultation sur l'appel à candidatures pour l'attribution des bandes de fréquences

Définition des modalités d'attribution.

Lancement de la procédure d'attribution des fréquences

En 2020

Attributions des fréquences : publication des décisions.

Premiers déploiements et ouverture des premiers services 5G.

Attribution de la bande 700 MHz dans la plupart des pays membres.

La 5G doit être proposée dans au moins une ville par Etat membre.

En 2022

Disponibilité de la bande 700 MHz dans tous les Etats membres.

En 2025

La 5G doit être proposée dans les grandes villes et le long des grands axes de transport.

Entrée dans l'ère de « la société du gigabit »

Des solutions existent pour les électro-sensibles...

L'outil magique qui transforme les ondes

J'ai moi-même expérimenté une « solution magique » que je vous présente en vidéo ci-dessous qui changera la vie de tous les électro-sensibles mais aussi de celles et ceux qui ne le sont pas, ou du moins, pas encore !

bit.ly/il3-solution

C'est LA SOLUTION qu'il vous faut !

Alors, séduit(e) par ce concept ? Je l'ai testé et validé personnellement pour vous

Si vous voulez en savoir davantage sur ce produit révolutionnaire, je vous donne le lien court de la page ci-dessous à rentrer dans votre navigateur préféré, page sur laquelle vous aurez toutes les informations.

bit.ly/produit-magique

Allez visiter cette page et ce site qui, j'en suis certain, changera votre vie !

Dans tous les cas, « La société du Gigabit » changera nos modes de fonctionnement et de vie. Plus rien ne sera comme aujourd'hui ! Il faut s'y préparer dès maintenant.

Je reviens sur cette nouvelle société qui arrive dans la vidéo ci-dessous. Nous verrons ce que cette nouvelle ère va générer comme transformations majeures dans notre quotidien et dans nos modes de fonctionnement.

bit.ly/il3-ere5g

Prenez votre part du gâteau

Ce trimestre, je vais vous livrer une énorme pépite.

J'ai réalisé il y a quelques mois une formation qui permet à 100% des étudiants qui la possèdent de générer des revenus ou de se constituer un capital à 3 ou à 4 chiffres en quelques semaines.

Cette formation exceptionnelle est nommée ISUSEP. Un acronyme qui signifie « Investir Sans Un Sou En Poche ».

En la suivant pas après pas, vous serez capable en quelques semaines :

De générer un revenu récurrent
D'avoir de l'argent sur simple demande
De vous construire un capital sans aucun apport
D'utiliser votre capital pour diversifier vos investissements
De réussir grâce à des « hacks psychologiques » puissants
D'investir dans plusieurs concepts sans un sou en poche
De devenir un investisseur serein

Je vous laisse découvrir la vidéo de présentation disponible sur la page suivante de votre trimestriel.

Un énorme cadeau s'y trouve !

Mais ce n'est pas tout.

Non seulement vous pourrez profiter du cadeau contenu dans la vidéo ou dans l'encart publicitaire disponible sur la page suivante mais vous pourrez en plus avoir la possibilité de personnaliser cette formation en votre nom propre ! D'énormes revenus complémentaires vous seront alors accessibles tout en étant automatisés !

Une exclusivité du trimestriel IL !

Cette personnalisation est un des deux MEGA BONUS de cette formation hors norme !

N'attendez plus pour vous procurer cette pépite.

bit.ly/il3-pepite

SPORTIVO STRATEGO

Investissez sereinement dans les paris sportifs

ET/OU

Devenez « Tipster » confirmé
et générez des revenus complémentaires

En termes d'investissements, il existe beaucoup de possibilités. Néanmoins, on a souvent l'impression de toujours retrouver les mêmes propositions bien souvent chronophages !

Je vous en cite quelques-unes

L'immobilier
La bourse
Le dropshipping
L'or
Les cryptomonnaies

La liste de ces types d'investissements n'est pas exhaustive et le trimestriel I.L. vous a déjà présenté ou vous présentera chacun d'entre eux.

Aujourd'hui, dans ce trimestriel « IL est magique », je vous propose une possibilité, peu connue et pour le coup MAGIQUE, vos gains étant 100% garantis dans votre poche, sans imposition !

Elle vous permet non seulement de générer un complément de revenu mais aussi d'aller chercher un revenu à part entière tout en défiscalisant vos gains.

Cette possibilité est d'investir dans les paris sportifs. N'oubliez pas que les gains aux jeux ne sont pas soumis à l'impôt. Cet investissement est donc doublement intéressant et intelligent.

Peu de gens le savent mais il est possible de générer une très belle rentabilité, nette d'impôt chaque année en pariant dans le domaine du sport. Et tout cela, en mode sécurisé, en limitant tout risque de perte partielle du capital investi.

Les jeux de hasard ne sont pas taxés sur les bénéfices, du moins côté joueur ! Ce sont les cercles de jeux et sociétés de paris qui payent les taxes tout en les répercutant sur les mises. C'est une sorte d'impôt à la source ☺

Depuis début juin 2010, l'Etat Français a créé l'Autorité de Régulation des Jeux En Ligne (ARJEL).

Depuis, vous devez bien comprendre une chose essentielle...

Les sociétés de paris en ligne autrement appelées « bookmakers » redistribuent 85% des mises engagées en calculant finement les mises des paris afin que l'impôt soit totalement invisible pour les parieurs.

C'est à l'heure actuelle (en 2019), le seul investissement totalement défiscalisé !

Si vous voulez en savoir plus, je vous laisse le lien du site officiel du gouvernement sur le sujet :

https://www.service-public.fr/professionnels-entreprises/vosdroits/F1279

Je viens de sortir une formation sur le sujet, **la formation TIPS** (**T**echniques et **I**nvestissement dans les **P**aris **S**portifs) que vous pouvez vous procurez à tarif préférentiel en suivant le lien de l'encart publicitaire présent dans votre trimestriel.

Une formation exclusive, que vous pourrez vous procurer dès le 10 octobre 2019 à tarif préférentiel, en passant par votre trimestriel I.L. Vous obtiendrez une réduction de -75% sur le prix normal en utilisant le code de réduction disponible dans l'encart publicitaire de ce livre.

Avant de vous présenter entre autres choses, la formation TIPS en vidéo, voilà les résultats de mon portefeuille jeu sur le tennis, le P1000, depuis le 1er janvier 2018, résultats arrêtés à la date d'écriture de ce trimestriel soit fin juillet 2019.

Les bilans ci-après sont donnés pour un capital jeu (que l'on appelle Bankroll dans le jargon des parieurs) de 1000 euros, en partant d'une mise de base de 10 euros sur les premiers matchs.

Année 2018	TENNIS	CUMUL
Janvier	42,4	42,4
Février	107,7	150,1
Mars	-36	114,1
Avril	67,5	181,6
Mai	183,1	364,7
Juin	25,9	390,6
Juillet	81,3	471,9
Août	355,9	827,8
Septembre	102,6	930,4
Octobre	-46,9	883,5
Novembre	0	883,5
Décembre	0	883,5
TOTAL DES GAINS NETS	**883,5 EUROS**	

Année 2019	TENNIS	CUMUL
Janvier	134,4	134,4
Février	152,5	286,9
Mars	-54,8	232,1
Avril	264,1	496,2
Mai	71,5	567,7
Juin	23,2	590,9
Juillet	209,7	800,6
Août	Retrouvez la suite des résultats de l'année 2019 et des années suivantes sur le site **https://capisports.com**	
Septembre		
Octobre		
Novembre		
Décembre		
TOTAL DES GAINS NETS (au 31 juillet)	**800,6 EUROS**	

Les résultats parlent d'eux-mêmes :

+88% de rendement en 2018

+80% de rendement en 2019 (au 31 juillet)

On est assez loin de la rentabilité annuelle d'un livret A non ?
Je vous la rappelle ? 0,75% en 2019, soit bien en dessous de l'inflation...

Et si je vous disais que vous pouvez accéder à ce P1000 gratuitement !

Les « Magificateurs », membres du club VIP peuvent en profiter. Vous découvrirez comment en lisant l'article sur le club VIP des Magificateurs, plus loin dans votre trimestriel.

De plus, ce même club vous permet d'avoir la formation TIPS-P1000 offerte et vous explique comment réaliser le petit « travail » de placement des enjeux en seulement 5 minutes par jour.

Vous verrez dans la vidéo suivante que vous pouvez même déléguer le placement de vos enjeux en toute transparence. Le P1000 est véritablement une belle pépite.

La formation TIPS vous permettra également de devenir vous-même tipsteur (pronostiqueur) dans votre sport de prédilection.

Tout vous y sera expliqué.

Vous pourrez profiter du P1000 en tant qu'investisseur et même déléguer votre investissement sans y passer une seconde, si vous avez l'envie de le faire.

Vous pourrez également apprendre à devenir « tipsters » et développer un complément de revenu, voire un revenu à part entière en proposant vos services.

Tout vous sera bien entendu expliqué dans la formation TIPS.

Le domaine du jeu est un merveilleux domaine pour investir. La demande est très forte et lorsque vous avez un système efficace, rentable et pérenne, vous disposez de ce qui se fait de mieux en termes d'investissements.

Je vous invite à découvrir la vidéo ci-dessous qui vous permettra d'en savoir davantage sur cette extraordinaire opportunité.

bit.ly/il3-tips

FORMATION
T.I.P.S

Techniques et **I**nvestissement
dans les **P**aris **S**portifs

-75% de réduction
avec le code
TOPINVEST
en allant sur
bit.ly/formation-tips

Le tour de magie marketing du trimestre

Ambigramme

Un ambigramme est un mot qui se lit par symétrie centrale (demi-tour). Sa lecture peut soit donner le même mot, soit donner un autre mot.

Un ambigramme est bien souvent une écriture graphique spécifique et imparfaite.

C'est un exercice calligraphique extrêmement complexe à réaliser.

Le tout premier ambigramme a été publié par le journal britannique « The strand » en 1908. Il s'agit du mot « chump » qui en français veut dire « imbécile ».

Mode opératoire :

Retournez le trimestriel et vous lirez exactement le même mot, « chump ».

Voyons maintenant ce que cela donne avec l'ambigramme du mot
« Magificateur » ©

magificateur

Là encore, il se lit dans les deux sens.

Retournez le livre, vous lirez exactement la même chose.

Rendons les choses encore un petit peu plus complexe à réaliser en utilisant deux mots qui forment ici une petite phrase à l'impératif.

Magifiez-vous !

Dans l'autre sens, la phrase change et donne : vous magifiez (sous-entendu : Vous magifiez la vie des autres.)

C'est d'ailleurs le principe de la Magification. Commencez par magifier votre propre vie avant de magifier celle des autres.

Regardez ce que cela donne en retournant une nouvelle fois votre trimestriel :

Si vous le souhaitez, vous pouvez réaliser vos propres ambigrammes.

Si cela vous intéresse, je vous donne toutes les astuces pour les réaliser dans la vidéo ci-dessous. Pas besoin d'être un graphiste, il existe des outils pour les réaliser en quelques clics !

bit.ly/il3-ambigramme

Le tour de Magie-Marketing du trimestre

Divination au téléphone

Vous voulez surprendre, bluffer une personne, un client, à l'autre bout du monde avec un simple téléphone et un jeu de 52 cartes ?

Alors ce qui arrive maintenant va vous plaire.

Dans ce trimestriel « IL est magique », je vous ai réservé une merveille de tour de magie interactif, réalisable partout et particulièrement à distance.

Étant en train de préparer une collection de tours interactifs, dont je vous reparlerai dans un prochain trimestriel, je tenais à vous faire un nouveau cadeau dans ce trimestriel I.L

Ainsi, à l'issue de la vidéo, je vous proposerai de télécharger le guide numérique sur l'explication de ce tour que j'ai réalisé il y a quelques années.

Bien entendu, ce téléchargement vous est offert en tant que possesseur de ce trimestriel.

Munissez-vous maintenant d'un jeu de 52 cartes et flashez le code ou rentrez le lien court dans votre navigateur.

Place à la magie...

bit.ly/il3-divination

La boîte à outils de l'infopreneur

Le principe magique du contraste

Un principe magique à plus d'un titre

Dans le trimestriel précédent « IL est temps d'agir », je vous avais parlé des 6 principes de persuasion de Robert Cialdini, auteur de l'excellent livre « influences et manipulations ».

Dans ce livre que je vous conseille vivement de vous procurer et de dévorer, il part d'un phénomène physique pour expliquer le principe du contraste, aujourd'hui utilisé partout dans le monde.

Je vous relate cette expérience que vous pouvez réaliser tant elle est intéressante et magique, tout en restant purement physique.

Préparez 3 seaux (Cialdini utilise d'ailleurs des seaux dans son expérience) ou 3 récipients bien larges, dans lesquels vous pourrez mettre vos deux mains.

Dans le premier seau, vous allez mettre de l'eau froide

Dans le second, vous allez mettre de l'eau tiède

Dans le troisième, vous allez mettre de l'eau chaude

Mettez le seau d'eau tiède au milieu.

Mettez les deux autres seaux de chaque côté, facilement accessibles.

Plongez maintenant une main dans le seau d'eau chaude et une main dans le seau d'eau froide.

Comptez jusqu'à 10 puis sortez les mains des deux seaux et plongez-les immédiatement dans le seau du milieu, le seau d'eau tiède.

Alors, qu'avez-vous ressenti ?

Bizarre non ?

Vous retrouverez les résultats de cette expérience ainsi que son explication dans la vidéo ci-après.

Je vous parlerai également d'une autre expérience réalisable sur ce même principe que vous pouvez tester très simplement.

J'irai bien entendu encore plus loin en vous parlant des applications de ce principe au monde du marketing.

bit.ly/il3-contraste

La technique RS du trimestre

Cartonner avec une chaîne Youtube

Le trimestre passé, nous avons vu comment poser les bases d'une chaîne Youtube. Je vous avais d'ailleurs invité à vous abonner à ma chaîne pour suivre son évolution.

De mon côté, je suis comme toujours passé à l'action et j'ai continué à tester différentes choses que je vais vous présenter ci-après.

En attendant, si vous ne l'avez pas encore fait, **suivez le lien court en le recopiant dans votre navigateur ou en flashant le QRCODE, ce qui vous amènera directement sur la chaîne** :

« Vivez libre socialement et financièrement »

Il y a des dizaines de vidéos qualitatives en ligne. Sortez votre cahier, prenez des notes et appliquez les astuces dans votre vie.

bit.ly/youtube-vivez-libre

Je vais maintenant revenir sur la construction de l'identité de votre chaîne, et vous donner des outils d'optimisation et des stratégies efficaces pour développer votre chaîne et cartonner sur Youtube.

Tout d'abord, voilà une première série de cinq conseils :

- Commencez comme toujours par passer à l'action.

- Pensez simplement.

- Pas de fioritures inutiles. Allez à l'essentiel. Pensez à guider au maximum le visiteur de votre chaîne afin qu'il puisse s'abonner facilement, découvrir vos vidéos phares et vos produits dérivés.

- N'ayez pas peur de montrer votre tête, ce qui est essentiel pour votre chaîne Youtube.

- Lancez-vous des défis et lancez-en à vos spectateurs.

Pensez ensuite que Youtube et Google sont liés et qu'il faut soigner l'algorithme de Youtube. C'est un travail de longue haleine mais cela en vaut la peine.

Voilà maintenant les 10 étapes pour avoir une chaîne qui cartonne.

(Vous les retrouverez en détail dans la vidéo suivante)

- Testez plusieurs formats de vidéos et plusieurs formats de vignettes. Encore une fois, ne vous cassez pas la tête en démarrant avec la technique. Paradoxalement, ce qui prévaut pour vos premières vidéos n'est pas la qualité de la vidéo mais celle du son. Privilégiez donc l'achat d'un bon micro-cravate avec filtre anti-bruit que vous connecterez à votre smartphone ou iPhone. Une perche vous permettra de stabiliser votre smartphone.

- Privilégiez un format de vidéos de moins de 10 minutes avec beaucoup de qualitatif. Mieux vaut 10 petites vidéos de 10 minutes qu'une longue vidéo de plus d'une heure qui finira par lasser votre visiteur. De plus, Youtube a tendance à préférer les vidéos de moins de 10 minutes.

- Au début, essayez de poster une vidéo tous les jours. A minima 2 fois par semaine à dates fixes (tous les lundis et jeudis par exemple). Installez une routine.

Pour y parvenir, hors de question de passer des journées à vous filmer. Bloquez-vous une journée dans votre mois pour filmer toutes les vidéos du mois suivant.

Travaillez bien également la présentation « Facecam » (Face caméra) de chaque vidéo et la présentation finale pour rappeler de s'abonner et pour découvrir vos produits.

Pensez aussi à créer une intro dynamique de 10 secondes maximum (déléguez sa réalisation pour quelques euros sur 5euros.com ou sur Fiverr.com)

- Utilisez un outil magique : Tubebuddy est l'un d'entre eux. Il va vous permettre de bien analyser votre positionnement, celui de vos concurrents et va aussi vous permettre de trouver des mots-clés à mettre en avant selon la pertinence de recherche.

- Pensez progressivement à relier votre chaîne Youtube à votre structure (Blog, réseaux sociaux, site...)

- Développez des partenariats et réalisez des interviews. Au début, ne visez pas trop haut. Grimpez marche après marche.

-   Travaillez en objectivant :

**Le triptyque gagnant
pour objectiver votre réussite sur   Youtube**

Votre premier objectif : 30 abonnés
Votre deuxième objectif : 100 abonnés
Votre troisième objectif : 1000 abonnés

Arrivé au palier des 1000 abonnés, vous aurez fait le plus dur. Sachez que rien ne s'enclenchera réellement sans huile de coude. Ainsi, il vous faudra un minimum de 50 vidéos et 6 mois de recul pour commencer à avoir une réelle reconnaissance du travail fourni.

-   Essayez de vous simplifier la vie en adoptant un plan de vidéo

Présentation + rappel d'abonnement à votre chaîne

Corps de la vidéo. Mettez beaucoup de qualitatif et votre personnalité. Soyez inventif et original.

Essayez de mettre en place une routine de vidéo qui confirmera votre identité visuelle et qui contribuera à vous démarquer de la masse.

Synthèse + offre exclusive + rappel d'abonnement

- Soyez présent dans les commentaires dès le début

   Soyez le premier à commenter, à liker et à partager votre vidéo.

- Faites la promotion de votre chaîne dès que vous le pouvez (par mail, réseaux sociaux, groupes, forums, sites, tracts...)

Un petit pas à la fois... l'essentiel étant comme toujours de passer à l'action.

On se retrouve dans la vidéo ci-dessous dans laquelle je reviendrai sur ces points fondamentaux, exemples à l'appui pour que vous puissiez être en mesure de cartonner avec une chaîne Youtube.

bit.ly/il3-youtube

Le club VIP des « Magificateurs »

Le club qui changera votre vie

Le club VIP des « Magificateurs » est un tout-en-un pour accéder à vos rêves.

Je n'ai pas comme habitude d'utiliser des superlatifs mais là, avec ce club VIP, vous avez à disposition un outil exceptionnel, regroupant les 8 éléments essentiels suivants :

- Un accompagnement hebdomadaire lors d'un coaching groupé, chaque jeudi soir à 20h30

- Un espace « replays » pour voir ou revoir vos coachings.

- L'accès à une « Marketplace » (place de marché) privée avec des produits exclusifs (formations, produits physiques, trimestriel...) sur lesquels vous aurez un énorme retour positif des personnes à qui vous les proposerez.

  Quoi de mieux qu'un client satisfait ?

  Cette Marketplace vous permettra également de vous dégager un revenu complémentaire substantiel.

- Accès au fameux investissement dans les paris sportifs du P1000.

- Chaque mois, vous aurez accès à une micro-formation ultra qualitative et à son coaching dédié du second jeudi du mois.

- Chaque mois, vous recevrez une composante du trimestriel I.L en cours parmi :

  o la version papier (le premier mois), envoyée par pli postal
  o la version guide numérique (le second mois), envoyée par mail
  o la version synthétique en vidéo de 2h (le troisième mois), envoyée par mail.

- L'accès privilégié au « PASS personnalisation », vous permettant de devenir co-auteur du trimestriel I.L et d'y injecter votre ou vos articles, vos liens, vos produits... un énorme avantage !

- L'accès au groupe privé sur Facebook des Magificateurs

Vous trouverez ci-après un tableau vous récapitulant les 8 avantages majeurs que vous obtiendrez en étant membre de ce club unique en francophonie.

Contenu du club des Magificateurs	Valeur Réelle
1 micro-formation Récurrent/Mindset	97€
1 composante du trimestriel IL	59€
Accès au « Pass personnalisation IL »	323€
Accès au groupe privé Facebook	19€
4 coachings groupés	197€
Accès à l'espace « Replays Coaching »	97€
Accès à l'investissement P1000	59€
Accès au « Pass affiliation Ludorius »	Variable
VALEUR TOTALE	**+ 851€ de valeur chaque mois**

Vous retrouverez ce tableau et tous les détails sur cette page

ludorius.com/club-vip

Etre « Magificateur de vie » est une expérience à vivre pour soi-même pour ensuite impacter et changer d'autres vies.

Néanmoins, dans un souci qualitatif, je ne pourrai accompagner au sein de ce club qu'un maximum de 200 membres.

Ne tardez pas à découvrir ce club en profitant de votre cadeau découverte disponible juste après dans votre trimestriel.

Je reviens sur le club VIP des Magificateurs dans la vidéo ci-dessous.

bit.ly/il3-club

Votre cadeau découverte

Ce trimestriel « IL est magique » étant le pilier du concept de « Magification », je suis heureux de vous proposer un mois de découverte au club VIP des Magificateurs.

Vous allez pouvoir bénéficier d'une réduction de -50% à valoir sur le tarif normal en vigueur sur la page officielle du club VIP : **ludorius.com/club-vip**

Pour en profiter, allez sur la page de souscription que j'ai créé pour ce trimestriel, votre premier mois de découverte y est directement calculé.

<u>Page de réduction dédiée au trimestriel</u>

bit.ly/club-vip-decouverte

Je vous retrouve de l'autre côté pour changer votre vie et celle de nombreuses personnes de votre entourage.

Ludo Rius,
Magificateur de vie

Le triptyque gagnant

Chaque journée va vous rapporter...

... de l'énergie, du positif, des apprentissages, des amis, des contacts, de l'argent, de bonnes surprises.

Je vais vous donner 3 hacks, astuces... appelez ça comme vous voulez !

En tous cas, c'est un triptyque nécessaire si vous voulez que chacune de vos journées passées sur cette terre soit magique !

Première action de votre triptyque gagnant

Chaque matin, posez votre quête du bonheur.

Vous n'êtes bien entendu pas obligé(e) de vous poser les 3 questions mais fonctionnez en triptyque et choisissez-en 3 dans la liste ci-dessous :

- Qu'est-ce qui vous permet de vous lever le matin et vous rend heureux ?

- Qu'est-ce que vous aimez faire régulièrement si ce n'est tous les jours (loisirs, passion) ?

- Projetez-vous. Comment serez-vous dans 1 an ? Dans quel lieu, avec qui ?

- Qu'est-ce qui va le mieux pour vous en ce moment ?

- Quelles sont les personnes qui vous rendent heureux ?

- Qu'est-ce qui vous met en énergie quand vous êtes chez vous ?

- Qu'est-ce qui vous met en énergie quand vous êtes au travail ?

- Quels sont les amis ou les personnes que vous avez envie de contacter ou de recontacter ?

- Qu'est-ce que vous allez faire pour vous-même aujourd'hui ?

- Qu'allez-vous pouvoir donner aujourd'hui ?

Comme vous pouvez le voir, toutes ces questions sont positives pour parler à la fois à votre conscient et à votre inconscient, ce dernier ne connaissant ni la négation ni la négativité.

Implémentez chaque matin 3 questions positives dans votre inconscient et dans votre conscient ! Bien entendu, répondez-y à l'oral.

L'idéal est de poser cette première action de votre triptyque gagnant dans la salle de bain, devant le miroir, juste avant d'entamer votre journée !

Deuxième action de votre triptyque gagnant :

Economisez et/ou gagnez un peu d'argent sur votre journée.

Vous avez le choix entre l'une des deux options. Parfois, vous pourrez même en activer plusieurs ou combiner les deux actions sur une même et seule journée.

Chaque jour, activez un peu plus le mode « investisseur »

Le principe de cette seconde action est de mettre en place une action journalière qui vous permettra, soit d'économiser, soit de gagner de l'argent, soit de mener de front ces deux actions.

Bien évidemment, cette action n'a pas forcément des conséquences immédiates dans votre vie mais prenez en compte qu'elle en aura à plus ou moins court terme.

Troisième action de votre triptyque gagnant :

Sortez au moins une fois de chez vous chaque jour, pour aller au contact de la nature (pour votre bien-être) et forcez-vous à parler au moins à un(e) inconnu(e).

Sur le mois, obligez-vous à inviter un ou plusieurs amis sains (non toxiques) chez vous et obligez-vous également à participer à un Meet-up, à une réunion, à un séminaire ou à tout autre événement participatif et collectif.

Le but de cette action quotidienne est de faire germer en vous le besoin de contact et de communication.

BONUS

Pour rajouter un dernier élément à ce triptyque, je vous conseille vivement de poser un temps d'apprentissage ou de formation dans votre journée.

Privilégiez un moment dans votre soirée pour lire, écouter et visionner une partie de formation en prenant des notes. Vous passerez ainsi par les 3 canaux d'apprentissage et ce, juste avant de vous coucher. Cela rendra plus facile l'implémentation de vos apprentissages.

Revoyons ce triptyque avec des exemples complémentaires dans la vidéo ci-après.

bit.ly/il3-triptyque

Le concept du Meet-up

« Rencontres et partages vont au-devant de tout savoir » (Ludo Rius)

Vous le savez désormais et nous l'avons vu dans les deux trimestriels précédents, il est important de sortir de chez vous, de quitter votre « zone de confort » et de rencontrer un maximum de personnes.

Il y a bien entendu les séminaires. Certains sont gratuits, d'autres payants. Je vous encourage à en faire quelques-uns chaque année en fonction de vos moyens et possibilités. Vous commencerez à tisser votre relationnel et à élargir vos partenariats. C'est un excellent moyen d'allier connaissances, rencontres et acquisition de partenaires potentiels.

Mais il y a aussi une autre solution, qui nous vient une nouvelle fois des américains et qui s'appelle le « Meet-up ».

Le concept est simple et il est basé sur un des triptyques que j'aime beaucoup :

Le WIN-WIN-WIN

Le principe est le suivant :

Vous participez chaque mois à des réunions dans votre secteur géographique sur une thématique particulière ou mieux, vous créez votre propre « Meet-up » dans votre thématique et dans votre secteur et vous faites venir à vous des personnes ciblées et intéressées par votre réunion.

Alors, vous allez me poser vos objections... je vous entends d'ici prononcer le fameux

« Oui mais... » ☹

S'il vous plaît, si c'est le cas, apprenez à le transformer en

« Oui et... » ☺

Cette dernière formulation est bien plus positive et constructive pour votre mindset et pour votre insconscient.

Reprenons vos possibles objections...

Ludo, combien ça va me coûter ?
Comment vais-je faire connaître mon groupe ?
Où vais-je le faire ?
La location d'une salle c'est cher, je n'ai pas les moyens...

Vous êtes prêt(e) ? Je vais lever vos objections les unes après les autres...

Combien ça va me coûter ?

Au niveau du coût, je vous détaillerai cela dans la vidéo ci-après en allant sur le site et en vous partageant mon compte. Comptez un peu moins de 200 euros l'année !

Pour ce prix, vous êtes intronisé « organisateur de Meet-up » et le site s'occupe de promouvoir vos réunions ! Vous avez une page professionnelle modifiable en quelques clics et vous pouvez contacter les participants... le top !

Pour faire connaître votre groupe, le site s'en occupe, cela est compris dans votre abonnement. Vous pouvez bien entendu contribuer à le faire connaître en communiquant son adresse et vos divers événements via les outils de communication que vous utilisez (mails, courriers, sms, téléphone, réseaux sociaux...)

Où vais-je le faire ?

Où vous voulez. Voilà mon conseil qui vaut de l'or !

Réalisez un partenariat avec les commerçants de votre ville à proximité si possible de la gare pour que les participants puissent y accéder facilement.

Exemple : Comme vous le verrez dans la vidéo ci-après, pour mon premier meet-up, je fais ça dans un café à proximité de la gare d'Aulnoye-Aymeries (rue couverte juste en face pour être précis).

Nous sommes ici sur du « **win-win-win** ».

Le commerçant y gagne puisqu'il va avoir des clients le temps du Meet-up.

L'organisateur y gagne en ayant un lieu gratuit avec pignon sur rue.

Le participant y gagne, le lieu de rencontre étant convivial et facile d'accès.

Autre conseil : A chaque Meet-up, vous changerez de lieu afin de découvrir un nouveau commerçant et lieu.

De plus, à force, vous aurez même des clients de ces différents lieux qui seront intéressés.

Les commerçants eux-mêmes deviendront même vos partenaires en réalisant votre publicité.

La location d'une salle c'est cher !

Tout à fait oui. Mais lorsque vous aurez du monde, vous pourrez obtenir une réduction, voire une salle gratuite grâce à votre relationnel installé dans votre ville et grâce à l'appui des commerçants.

Secundo, vous serez, au bout de quelques Meet-up, bien armé pour basculer sur le format de type « séminaire ». Vous pourrez alors proposer un séminaire avec ou sans intervenants.

C'est là un autre sujet dont nous reparlerons très bientôt dans un prochain trimestriel.

En attendant je vous laisse découvrir la vidéo ci-dessous dans laquelle je vous partagerai mon expérience sur le sujet.

bit.ly/il3-meetup

Le « Magic trick » du trimestre

Le parcours interactif

Comme chaque trimestre, vous retrouverez un élément de ma passion, LA MAGIE.

Cette fois-ci, je vous ai préparé une surprise interactive durant laquelle vous pourrez même obtenir 2 cadeaux magiques que vous recevrez sous pli postal.

Ce parcours interactif est un moment privilégié que je vous invite à passer en famille. Si vous avez des enfants, ils adoreront.

Sans plus attendre, retrouve cette expérience interactive dans la vidéo ci-dessous.

bit.ly/il3-parcours

Le business du trimestre

La Marketplace nichée

Vous souhaitez avoir un récurrent assuré ?

La solution est la Marketplace nichée. Une Marketplace est par définition une plateforme qui met en relation des vendeurs avec des acheteurs.

La Marketplace du club VIP des Magificateurs est une « Marketplace nichée » qui vous propose plusieurs avantages :

- **Une rémunération sur les produits que vous vendez** (les retours vont de 20% à 70% de la valeur du produit vendu). Le retour des commissions vous est payé à M+1 après la vente (paiement au terme du mois suivant la vente).

  Votre commission vous est payée par virement bancaire, sitôt le seuil des 50 euros de commissions atteint.

- **Un label qualité**. Tous les produits qui sont sur la Marketplace bénéficie du label qualité « produit magifié ». Ce sont des formations, des livres numériques interactifs ou des produits physiques uniques, qui apportent une valeur considérable au client, bien au-delà du prix d'achat.

- **Des outils de promotion**. Chaque produit dispose a minima d'une vidéo explicative promotionnelle et d'une vignette.

  Le Magificateur a accès à ses outils dans son espace Marketplace quand il le désire en passant par son espace membre du club VIP.

  Il dispose également d'un lien personnalisé de promotion pour chacun des produits proposés.

- **La possibilité de mettre votre produit en tant que « Magificateur de vie ».**

  On devient Magificateur de vie en suivant le cursus de la formation MSVP sur 10 mois.

  N'hésitez pas, si cela vous intéresse, de me contacter directement au moment des inscriptions à ce cursus, qui se font entre fin mai et début septembre, chaque année.

Pour rappel, voici mon mail de contact : **contact@ludorius.com**

Voici maintenant un autre avantage notable qui me permet d'insérer le mot « récurrent » dans cette Marketplace exceptionnelle...

Je vous rappelle qu'un récurrent est un revenu qui tombe de manière régulière et cyclique (tous les mois, tous les trimestres, tous les semestres, chaque année...)

La Marketplace des Magificateurs a et aura plusieurs abonnements.

Le premier abonnement actif à la date d'écriture de ce trimestriel est celui du club VIP. C'est un abonnement mensuel

Le second abonnement qui sera mis en place d'ici fin 2019 est celui du trimestriel I.L. Il s'agira d'un abonnement trimestriel ou annuel

Le troisième abonnement qui sera mis en place d'ici fin 2019 est celui du P1000. Il s'agira d'un abonnement mensuel et annuel

Vous aurez ensuite également la possibilité d'avoir des récurrents, sur une période déterminée, pour les paiements en plusieurs fois et uniquement sur les grosses formations (MSVP, 365 RP, TIPS, GAMA, CIEL...)

Certain(e)s étudiant(e)s Magificateurs font déjà des récurrents à 3, voire 4 chiffres.

ALORS, POURQUOI PAS VOUS ?

Je terminerai en vous rappelant qu'en personnalisant le trimestriel I.L, vous disposerez d'un outil exceptionnel et vous deviendrez co-auteur. « L'outil I.L » vous permettra de mettre vos propres liens, produits et articles et de multiplier encore plus aisément vos récurrents.

En tant que possesseur de ce trimestriel, vous avez la possibilité de personnaliser votre premier pack de 10 trimestriels en vous rendant directement sur la page ci-dessous et en profitant de votre offre découverte du club VIP, présentée précédemment dans ce trimestriel.

ludorius.com/personnalisation-il

Je reviens dans la vidéo ci-après sur la Marketplace nichée du club VIP des Magificateurs.

bit.ly/il3-marketplace

Pour terminer...

Je vous livre la conclusion en vidéo.

J'y reprends les principaux points et pépites présentés tout au long de ce trimestriel magique.

Rendez-vous dans trois mois pour « I.L passe à l'action ».

Profitez du bon de commande disponible page suivante pour réserver votre trimestriel à tarif préférentiel. Vous pouvez aussi le commander à l'année (un numéro vous sera alors offert).

bit.ly/il3-conclusion

BON DE COMMANDE
(à recopier ou photocopier)

Oui, je souhaite m'abonner pendant un an au trimestriel IL
à partir du prochain numéro

☐ Je m'abonne pour 4 numéros (1 an)
au prix de 177 euros (au lieu de 236 €),
bénéficiant d'un numéro offert.

Nom / prénom : _____

Adresse : _____

_____

Code Postal / Ville : _____

Mail : _____

☐ Je souhaite réserver le prochain numéro
« IL passe à l'action » au **TARIF PROMO**
de 49 € (spécial lancement)

Pour commander, vous pouvez effectuer un chèque à
Ludorius, 31 chemin de la porquerie, 59138 Pont-sur-Sambre
ou réaliser votre commande en ligne par CB en allant sur
https://cap-investor.com ou sur **https://ludorius.com**

*Vous pouvez aussi flasher directement le QRCODE sur la couverture
qui vous permettra de visionner le trailer du trimestriel IL.*

© 2019, Rius, Ludo
Edition : Books on Demand,
12/14 rond-Point des Champs-Elysées, 75008 Paris
Impression : BoD - Books on Demand, Norderstedt, Allemagne
ISBN : 9782322093281
Dépôt légal : septembre 2019